김윤환 향토 시화집

시흥, 그 염생습지로

2012

※ 본 시집은 시흥시 문화예술창작지원금 수혜출판물입니다.

저자서문

시화집 『시흥, 그 염생습지로』는 그간 발표된 작품 중 시흥을 소재로 한 작품들과 최근 쓴 신작시를 모아 내놓게 되었습니다.
이 시집이 나오게 된 동기는 복합적인데 크게 네 가지 정도 동기로 나눌 수 있을 듯합니다.
첫 번째 동기는 등단 23년이 되었고, 문학을 전공한 시인으로서 '향토' 라는 삶의 자리를 어떻게 문학적으로 승화해낼 수 있는가 하는 시인으로서 소명의식 같은 것입니다.
두 번째는 시흥은 제가 20여년 눈물과 웃음을 함께 해 온 삶의 자리이자 시창작의 산실이기 때문에 지역 관련 작품을 따로 모을 필요가 있었습니다.
세 번째 동기는 시흥시 민관협력기구인 『맑고푸른시흥21실천협의회(시흥의제21)』의 「마을명소찾기 시민실천단」단장으로 봉사하면서, 지역탐방과 전해 오는 이야기, 이웃들의 삶을 들여다 볼 기회가 많았고, 시흥이 주는 문화적, 정서적 특징을 시로 노래하여 많은 사람들에게 시흥의 아름다움을 나누고 싶다는 마음이었습니다.
네 번째 동기는 목회자가 되어 다시 시흥으로 돌아온 저는 지역을 섬기는 사역으로 아동복지시설인 연성지역아동센터를 2011년에 시작했습니다. 그러나 아직 미지원시설이라 운영에 다소 어려움이 있어 후원사업이 필요했습니다. 이에 본 시집과 시화들을 통해 뜻있는 분들의 지역사랑, 아동사랑, 문화사랑을 함께 나누는 장을 마련하는 것이었습니다.

시인이 삶의 터전을 시로 노래하는 일은 언제나 있어왔고, 필요한 일입니다. 다만 저는 그것을 좀 더 다양한 도구로 삼고 싶었기 때문입니다.
시는 그 자체가 목표나 목적이 될 수는 없을 것입니다. 그 언어적 예술이 많은 이들에게 자신의 주변을 좀 더 깊이 돌아보게 하는 매개로 삼아 시로 말미암아 좀 더 아름답고 좀 더 깊이 인생을 느끼게 해준다면, 그 소재와 배경이 자신이 살고 있는 바로 거기 그리고 오늘을 노래한다면 이 또한 시인의 역할이 아닌가 생각합니다.
끝으로 이 시화집을 위해 일일이 현장을 찾아 시의 배경을 그려주신 황학만 화백님과 해설을 붙여주신 박덕규 교수님께 깊은 감사를 드립니다.
부족하지만 이 시화집이 아름다운 고장 시흥을 자랑하고 시흥사람의 삶을 노래하는 작은 편지가 되길 기대합니다.

2012. 11

하중동에서 김윤환

차 례

차 례

제2부 쉬엄쉬엄 시흥시흥

제1부

시흥, 그 염생습지로

바다가 떠난 염전 鹽田

- 鹽, 짠물도 생명의 터이거니

짠물도 생명의 터이거니
천만분지 일도 아닌 것을 가둠으로
제 맛 내지 못하는 것들,
이 땅 썩을 것들을
다시 살리려 한 여름도
능히 이겨왔구나

쓰러져 가는 창고옆으로
지나가는 트럭에 밟힌 하얀 그림자
이제 해풍海風이 되어
기억속으로 오는 바다의 눈물
잊은 채 살던 날에도
염전으로 스며든
밤바다의 노래

뽀얀 화석이 되어
열십자로 누웠다

갯골 가는 길

- 生, 살아서 향기로운 영토

짠물을 순화하는
풀꽃이 갯벌에 피다

칠면초, 갯개미취, 퉁퉁마디
갯쑥부쟁이
그리고 갈대

개조게, 길 잃은 새끼게가
풀꽃 향기에 취해
썰물을 잊다

뭍과 바다가 만나
한 줄기 한 줄기
제 빛을 드러내는
생명의 군락이여

살아서,
살아서 향기로운 영토여

하중동 샛강

- 濕, 젖어서 아름다운

순해서 작은 노래에도
흐르던 눈물
그 눈물들 가슴에 모아
온 몸 늪지를 이루는
수 천년의 땅위에
이제 썩은 비가 내린다

스스로 타들어 가는
잊혀진 땅위에
어느 때 맑은 희망이
한 점 샘을 이루어
다시 촉촉히 적시겠는가
젖은 채로 아름다운
시내를 이루겠는가

시흥, 그 염생습지로

- 地, 여자여, 어머니여

까맣게 저물어 가는 세상에도
여자가 되어, 어머니가 되어
어느 계절이건
푸르게 살아
검게 찌든 하늘도
온전히 이고 가는가

그 자궁에 이 생명들
모두 자라나니
그대 가이 없는 가슴으로
모든 것을 품는가
안고 사는가
땅이여,
어머니여

* **호조벌**_ 조선 경종(1721)때 재정 충당과 백성을 구휼하기 위해 만들어진 150만평 서해 간척지로 시흥시 간척의 역사가 시작된 곳이다.

호조벌 소금바람

들길 옆 갯강을 따라
엄마와 딸이 손을 잡고
산책을 하네

호조벌 들판에
염분 섞인 봄이 오면
바다가 내어 준 몸 한조각
이삭이 패일 무렵
저 서해바다는 푸른 눈물을
갯강으로 흘려 보내겠네

바다가 어미였다면
호조벌은 바다를 떠난 딸
모녀의 그리움이
푸른 눈물 푸른 이삭으로
만나겠구나

호조벌을 보면 알듯하네
바닷물이 왜 짠지
눈물이 왜 짠지

* **관곡지**_ 시흥시 하중동 연꽃테마공원의 원조다.
조선 세조 때, 학자 강희맹(1424~1483)이 중국에서 연씨를 가져와 심었다고 전해진다. 매년 8월~9월 연꽃축제가 열린다.

관곡지 官谷池

못을 지키고 있는 것이
조선농학자 강희맹이 아니듯이
연꽃을 피워 올린 것은
그 못의 물이 아니다
그 물위에 앉은
소금쟁이나 장구애비는
더욱 아니다

바람에 흔들리는 사람들
연근蓮根보다 더 깊이
울음을 삼킬 때
그 밤 함께 울었던 으악새
그 가락이다
못을 지켜온 것은

하중동 연가 蓮歌

시흥 하중동 연꽃마을 가을밤에
달빛이 못의 뿌리가 되는 것을 보았다
어둠으로 깔린 수면위로 초롱을 밝히고
죽어도 죽지 않는 심지를 보았다
햇살이 꽃등을 찌를수록
암연暗然으로 숨구멍을 내는
꺼질 듯 꺼지지 않는
빛의 뿌리를 보았다
꽃이 어둠을 켜켜이
껴안은 것을 보았다

호조벌 모내기밥

공부방 아이들과 호조벌에 모내기밥 얻어 먹으로 갔네
하얀 못줄에 견주어 뭉쳐있는 놈들 찢어다가
물댄 논에 이앙移秧하고 한껏 부풀어 바라보니
마음은 어느덧 9월을 지나 누런 들녘이 그려지네
모를 직파直播하지 않고
이앙을 하는 이치理致로 아이들을 바라보니
모심는 여린 손가락에 닿는 논물처럼 마음이 설레이네

호조벌 모내기밥
풍년보다 달콤했네

* **제정구**_ 빈민 운동가이자 정치가이다. 70년대 후반 도시빈민들을 모아 경기도 시흥시에 복음자리 마을을 세웠으며 민주화와 빈민운동에 앞장서왔다. 1986년 정일우 신부와 함께 막사이사이상을 공동 수상하였다. 14, 15대 국회의원, 저서로는 《가짐 없는 큰 자유》등이 있다. 1944년 3월 1일 경남 고성에서 태어나 1999년 2월 9일 시흥에서 향년 54세에 지병으로 별세했다.

벽돌의 성자

- 제정구를 기억하며

누군가의 땅이 되어
누군가의 삽이 되어
꽁꽁 얼은 그 겨울을 떠나
벚꽃닢 흰 눈처럼 날리는
사월을 지나 뜨거운 여름
찍고 또 찍어내던 눈물의 벽돌
아, 마침내
반석이 되어 기둥이 되아

매화벌 들녘의 가을노래처럼
보금자리가
복음자리가 되는 날 동안
그 벽돌에 새겨진 사랑

지금도 온돌이 되어
지금도 바람막이가 되어
무너지지 않는 기둥이 되어
마침내 지워지지 않는
노래가 되어버림
그 성자
그 벽돌

* **군자봉**_ 시흥시 군자동에 소재한 시흥시향토유적지(14호)로서 신라 경순왕의 영정을 모시고 성황사를 지었다는 전설이 있다.

군자봉 갈잎

군자봉가는 등고선
서걱이는 갈잎

이승에 푸른 적삼 붉게 물들이고
마침내 골육을 저 갈잎이
군소리 없이 잠잠히 죽을 줄 아는
저 갈잎이

우심방 좌심실 퐁퐁 샘솟는
피의 욕정보다 더 짙게
원래의 자리로 돌아가는

군자봉 굴참나무
그 때 그 봄의
화려한 귀소

산업도로 가로수

힘든 일 있을 때 마다
어머니 이르시길
다 지나간다
다 지나간다

서울가는 차창 밖으로
무섭게 달려오던 가로수
지나가면 또 달려오고
지나가면 또 달려오고

나무들 다 지나고
돌고 돌아
가로수가 끝난 자리

아, 거기
그가 계셨네

* 늠내길_ 최근 시흥에서는 제주도 올레길이나, 지리산 둘레길과 같이 장현동, 군자동, 갯골, 포리 등을 있는 생태산책로 '늠내길' 을 개설하고 시민의 건강길을 열어놓고 있다.

늡내길 도깨비풀

마음보다
몸이 먼저 간다

집착이 노래가 되어
입이 먼저 읊조린다
몸이 먼저 춤을 춘다

바람에 실려
바람에 실려

꽃이 아니라
가시가 되어
그대에게로 간다

* 무지내교회_ 1898년 남녀 40명이 처음으로 예배를 드리면서, 창립 114년 된 시흥 최초의 교회.
현재 기독교대한감리회 소속이고 아펜젤러선교사 순교기념교회로 세워져 있다.

무지내교회 풍금의자

백 년이 넘은 시흥 무지내동 교회에 구순의 권사가 예배당 한 켠에 놓여진 작은 풍금하나를 소개해 주었다 자신의 유년기에 지금은 천국에 갔을 어느 젊은 여선생의 기억을 말해 주었다 풍금앞 낡은 의자에 앉은 그녀는 찬송을 흥얼거렸다 그러나 끝까지 부르지는 않았다 마지막 소절의 후주가 영영 이별이 될까 아껴둔다고 했다 예배당 맨 앞 모서리 닳고 닳은 그 자리에 모난 시절 다듬질하며 자기 몸에 닿은 무게만큼 함께 견뎌준 세월이 있었다 오래된 예배당이라고 부르고 싶은 노래 목청껏 부르지는 않았구나 욕심껏 단장하지도 않았구나 그래서 오래된 의자의 노래는 아직도 끝나지 않았구나 더러는 오랜 것 오오랜 것을 봐야 겸손해지는 법이다

방산동 주옥

예닐곱살 흔들리는 이빨
하나님 부르듯이
두꺼비를 부르며
지붕을 향해 던졌지

십 수 년이 흘러
고추에 털이 나고,
세례를 받고
거룩한 예배를 드리는 나는
문득 흰 뼈의 한 조각을 찾는다
그것을 그리움이라 여긴다

오래 전
이미 뿌리를 내린
새 어금니
잊은 채 아직도 노래한다

'두껍아 두껍아
헌집 줄게 새집 다오'

* 시화호(始華湖) _ 경기도 시흥에서 안산시 대부, 화성시 서신면에 걸쳐 방조제를 쌓아 만든 인공 호수이다.
1994년에 시화방조제 물막이 공사가 완료되었으나 공장폐수와 생활용수가 많아
환경오염으로 담수호로서의 기능을 할 수 없어 다시 해수호가 되었다.
이어 조력발전소를 개설하고 계속된 환경캠페인과 정화사업으로 그 수질이 상당히 개선시켜왔다.

시화호 수문

나를 잠근다는 것이
얼마나 외로운 일이냐
나를 연다는 것이
얼마나 두려운 일이냐

세상을 향해 빗장을 걸고
세상을 향해 나갔다가
제 몸의 드리운 빗장에
세상 그림자가
충혈의 무늬로 남았다

* 소래산(始華湖) _ 경기도 시흥시의 북쪽 대야동과 인천광역시 장수동 사이에 위치한 산이다.(고도 : 299.6m)
시흥시로 승격되기 이전의 소래읍(옛 소래면)이 이 산의 이름을 따서 지어졌다.

소래산에서

산을 잃은 사내가
길을 두고 울고 있네

천둥처럼 복받치는 두려움으로
잃은 산을 찾아 헤매고
보일 듯 보일 듯이 반짝이는 능선
그 발아래 맨드라미처럼
그저 흔적 없이 살고 팠을까

누가 길을 잃었다 했는가
보이는 산을 놓치면
길마저 잃어버리는 것을

소래산은 내려와
길 앞에 섰고
우는 사내의 등에는
긴 어둠이 새벽까지
능선을 이루고 있네

* **소래철교**_ 인천과 시흥을 거쳐 수원을 오가던 수인선 협궤열차가 다니던 소래철교 1937년 개통하여 1994년까지 57년간 운행되던 철교다.
지금은 시흥과 인천사람이 소래포구 어시장을 드나드는 육교로 활용되고 있다.

건널목

- 소래철교에서

우리 죄없이 멀어졌다 해도
저 길목 어디쯤엔가
물빛 하늘이 열리고
뿌리의 대물림처럼
목젖 휘도록 합창할 것이다

한 시절의 돌아섬도
기다림의 속절함도
순종의 날에 비내릴 반가움으로
가슴가슴 다독이고
다만 부끄러워 하자

한 빛으로 만나는
길목의 의미는
꿈속에서 아름답구나

* 물왕저수지_ 1946년 준공된 시흥시 최대의 담수호이자 대표적인 휴식처이며, 가까이에 자리잡고 주위를 관무산(일명 성인봉) · 마하산 · 운흥산이 둘러싸고 있어, 낚시터로서 명성이 높아 1950년대 후반에는 이승만대통령이 전용 낚시터를 만들어놓고 자주 들를 정도였다. 주변에 조선 초기의 문신 이숙번의 묘와 동요 〈따오기〉를 작사한 한정동(韓晶東)의 묘 및 동요비가 있다.

물왕리 저수지 1

단 하루도 거르지 않고
수삼 년 비가 내리면
세상은 호수를 이루고
나는 그 호수에
물결이고 싶어

엷은 바람에도
출렁일 줄 아는
물결로 살아
바람이 되어 내게로 오는
그대를 느끼고 싶어

물왕리 저수지 2

가만히 들여다 보면
내 속에 고인
빗물
일렁거리고

소리내어
소리내어 불러보니
빗물은 파도가 되어
가슴을 치네
부서지도록 치네

* 하우명河友明 효자정각_ 시흥시 신천동에 있는 조선시대의 효자 하우명을 기리는 정각.
하우명은 세종 때 영의정을 지낸 하연(河演)의 3남으로 벼슬을 그만두고 버지를 봉양할 정도로 소문난 효자였다.
1988년 5월 31일 시흥시 향토유적 제11호로 지정되었다.

하우명 효자정각

치매 걸린 아버지의 말동무가 되기 위해 낙향했다
던 효자 하우명의 이야기를 듣노라면 조실하신 선
친께 감사하고 시대가 삭막함이 핑계가 되니 다행
이구나 신천리 하우명 효자정각속의 하우명은 화
석처럼 숨을 멈추고 소산서원의 명심보감도 쌩쌩
달리는 산업도로 화물트럭에 묻혀버렸네

수 백년 제례를 지내는 동안
이끼 낀 돌비석
그저 소래산 미륵불만
물끄러미 내려다보고 있네

제2부

뉘엄뉘엄 시흥시흥

녹향
은강교회
2012

녹향병원 앞 은강교회

소사역에서 출발한 막차는
쌀이 많이 났다는 미산리를 지나
소금밭이었던 포리염전을 지나
매화꽃 없는 매화리를 지나
연꽃이 피는 하중리 관곡지를 지나
녹향병원앞에서 멈춰섰다
병실마다 미등은 켜지고
병원 앞 교회당 십자가는
빨갛게 익어갔다

버스에서 내리는 사람들의
시간은 언제나 자정
응급실 앞 빨간 십자가
누군가는 죽고 누군가는 살았다

시간의 임계점臨界點
녹향병원 앞 은강교회
붉은 십자가
유난히 붉다

* **도창교회 사랑의 포도나누기**_ 1998년부터 지역을 섬기는 도창교회에서 시흥포도를 가난한 이웃과 나누는 요란스럽지 ... 민들의 잔잔한 사랑의 축제다.
매년 9월이면 예수의 사랑이 느껴지는 포도향내가 도창동을 아름다움으로 취하게 한...

도창동 포도잔치

해마다 9월이면 시흥 매화리 안內동네 호조벌 앞 도창교회 그 쉼터에 저마다의 눈물을 담아 내놓은 포도송이 송이들 사랑의 포도원을 이루네 성경 속 가나 혼인잔치에 물이 변하여 포도주를 만든 예수의 표적은 인생의 달콤한 잔치 그 흥겨움을 함께 나누게 하려는 애틋한 사랑이었던 것처럼 도창동 포도가 이리 단 것은 땅이 좋아서도 물이 좋아서도 아니라 달콤한 입맛 혼자 누릴 수 없어 포도 꽃 필 무렵부터 사람의 향기 사랑의 향기 함께 여물었기 때문이리라

도창교회 삼거리
정수리처럼 쌓인 포도송이
검붉은 십자가로 길을 만들 무렵
외로운 집 외로운 사람 입에 가득
그 사랑 그 향기 그윽하네

* **극단 '기린'** _ 2003년 설립되어 11년 연속 적자이지만 매년 2~4회씩 창작극 발표를 열정으로 올림으로 지역문화의 지렛대 역할을 감당하고 있다.

오이도 황금갈매기

- 연극 황금깃털의 비밀을 보고

시흥에서 극단을 이끌고 있는 극작가 이상범 선생이 오이도의 황금깃털 갈매기 이야기를 연극으로 올렸다 연극에 등장하는 황금갈매기 버들이와 순수한 소녀 마리의 사랑에 빨강등대가 등장한다 사람들이 황금에 굶주려 오매불망 기다리는 황금갈매기는 사랑이 있는 자에게만 그 깃을 내어놓는다는 이야기다 서해바다를 향해 서있는 빨강등대는 마치 황금갈매기를 기다리는 사람들의 눈동자처럼 보였다 그러나 사람들은 이제 더 이상 황금갈매기를 기다리지 않는다

잃어버린 깃털을 찾아
밤하늘을 떠도는 사람들
오늘도
빨강등대 그 빛을 피해
어둠속으로 어둠속으로만
잦아든다

* **연성지역아동센터**_ 하중동 관곡지 옆 아동문화복지시설.
2011년 시흥은강교회 부설로 세워져 동네 아이들의 쉼터이자 학습 및 문화공간으로서 아름다운 교육복지공동체를 세워가고 있다.

소금밭에 핀 연꽃

- 연성아동센터천사들에게

세파는 차갑고
엄마아빠는 바쁘다
무거운 가방 충혈된 눈
멈추지 않는 딸국질
연민보다 화가 먼저 생기는
아이들의 소금밭

사랑으로 밥상을 이루고
밥상으로 가족을 이룰 때
월화수목금토일 날마다
찾아오는 무지개빛 천사들
서로의 어깨에 날개를 달아주네

바다가 떠난 소금밭에
천사들 옹기종기
연꽃을 피우고 있네

* 시화공단_ 시흥 정왕동과 안산 신길동 일대에 조성된 면적 15,24㎢의 공업 및 인공주거단지. 1987년에 착공하여 1995년에 준공되었다. 수도권에 인구와 산업이 과밀하게 집중되는 것을 막고 수도권 내의 부적격 공장에 대한 이전을 촉진, 수용하기 위하여 반월공업단지 후속사업으로 조성되었으나 이후 환경오염 등으로 많은 문제점을 노출되었으며 산업시설과 주거시설의 혼재로 주민의 삶의 질에 대한 여러 문제점이 발생하여 도시계획의 근본적 반성이 요구되기도 한다.

시화공단 사람들 1

- 회식

춤을 추세요
우리네 생활이 솎아 낸 잡어처럼
늘 밖으로 맴돈다 하여
매일을 주눅 들며
소주잔이나 기울일 수 있나요
질끈 눌러둔 응어리 풀린다면
때로 이렇게 팅겨봄도
살아있음직 하잖아요
이렇게 옆으로
그 옆으로 걸을 만도 하잖아요

시화공단 사람들 2

- 꽃게

바른 길 두고
게처럼 비껴 걷는 우리들
그러나 아니다
저 뻰뻰스러운 껍질과
등배가 다른 빛깔이며
살벌한 집게를 보아라
우리는 붉은 집게가 아니다
더러 더딘 걸음
숨찬 전진이라 하여
뒤집으면 갈 곳 없는
그런 꽃게는 아니다

* **맹꽁이도서관**_ 옆에 세워진 작은 도서관 주민과 함께 만들어가는 문화공동체이자 어린이 꿈터로 시민의 주목을 받고 있다.

맹꽁이 책방

하상동 샛강 건너 연밭에는
연근이 어둠을 향해
빛을 내리고
공원옆 작은 책방에는
활자에게 생명을 불어넣는
맑은 눈망울들
꽃밭을 이루네

향기로 호흡하는 연꽃처럼
책방에는 꿈을 캐는
작은 심장들 박동소리
맹꽁이 맑은 울음되어
마을에 번지고 있네
세상을 깨우고 있네

예배당앞 은행한알

예수께서 말씀하다 튀었을
침 한 방울
그 제자가 길을 찾다가 흘렸을
염루念漏 한 방울

그 제자의 제자가
나무아래 왔다가
제 입술에 물려 흘린
피 한 방울

아득한 우주의 바람 한 점
울음대신 알알이 맺힌
방울방울들

초생달 쓸쓸한 새벽
말없이 말씀하는
행단杏亶아래
천고의 숨이 되는
은행 한 알 줍는다

* **학미산**_ 시흥시 포동 태산아파트 옆 야트막한 작은 산. 마치 학의 꼬리같은 형산으로 사람들이 적당히 걸을만한 야트막한 등산로가 참 편안하다.

학미산鶴眉山에서 눈을 보다

눈은
기다림을 잊어버린 이에게
기다림을 깨닫게 해주었다

생애의 굳은 상처위로
눈물샘을 흔들며 내려앉는
소복素服의 손님

산발한 여인이
그리움에 못 견디어
불러 제끼는 노랫가락
그 들뜬 슬픔이 있다

이승을 그리워하는
하얀 그림자
그 뽀얀 속살을 밟으니

뽀드득
아, 살아있다는
이 소스라침

* **포리염전**_ 지금은 없어진 염전과 소금밭 1999년까지만 해도 염전과 갯벌이 있었다.

포리에서

가난을 탓하기보다 바다 곁에서 살고 싶어 소래 포구가 멀리 보이는 염전이 있던 마을 시흥 포리로 이사를 왔다 39번 국도를 하루를 시작하고 마치면서도 바다를 보지 못했다 일감을 찾지 못해 무료한 날 바람과 함께 염전 길을 걸으며 저기 쓰러질 듯 버티고 있는 소금창고를 본다 바다가 떠나보낸 포리 염전에 나와 까맣게 잊었던 소년의 꿈들이 썩지 않은 채 꿈틀거림을 본다

노을 지는 갯벌
머언 기억으로부터 살아
뭍으로 오르는 노래

열여섯 소년
잃어버린 콧노래
아득히 밀물을 타고
내게로 온다

미산동 부림빌라

나 이제 너를 떠나네 아름다운 신혼의 날에 너를 만나 세상 볼만한 것들 다 보았다 세월의 때가 묻어 정情도 들었을까 너를 내 것으로 만드는 동안 아이를 낳고 그 아이의 동생이 수태되었지 누가 그랬던가 지난 것들은 다 아름다웠다고 탄식과 원망의 시간은 가고 이제 너를 떠나며 그간 같이 울고 웃었던 이웃에게 그저 조용하니 살만했다고 고마웠노라 인사하며 짐을 싼다 입택식도 그럴싸했던 부림빌라 402호 8년의 시간 속에 난 하루도 널 제대로 품지 못했지 곤고한 날 내 가뿐 호흡의 허파가 되어준 미산동 부림빌라 고마웠다 잘 있거라 나는 또 어디론가 간다

-99
HWANG

내 입에 줄

살아있는 것들은 다 줄을 탄다
담쟁이도 줄을 타고
수세미도 줄을 타고
젖은 옷가지도 줄을 타고
강아지도 주인의 줄을 타고
사람도 사람의 줄을 탄다

입에 얽힌 줄로 사는 거미처럼
나도 줄에 매달려 살다
줄에 감겨 죽어간다
내 입에 팽팽한 줄
더러는 노래의 현絃이 되고
더러는 활의 현이 된다

꽃의 눈

들에 핀 꽃을 보라
땅에 뿌리를 두었다고
밑만 보고 살지는 않아

새벽마다
하늘을 깨우는 꽃의 눈
고개를 든다고
허공에 씨를 뿌리지는 않아

천상에서 지상으로
제 분신을 내려놓는
씨알의 이치
저 들에 피어난 꽃에도
생기의 진리가 임하듯

세상을 살아도
영으로 사는 사람은
꽃의 눈처럼
청명 하구나

습자지 習字紙

하얗게 펼쳐진 시간
어느 순간도
선線 하나 반듯하게 긋지 못했네
생애의 방점傍點들
꽃잎처럼 흩어져
날마다 두려운 손길

오늘도 실수의 넉물이
나이테를 이루네
원圓을 이루네

숟가락

우리조상은 왜
밥 떠먹는 연장에다
'가락' 이라고 이름 붙였을까
아무리 세련된 세상이 와도
밥은 노래이기 때문일까

숟가락 들 때마다
설레이는 입술
숟가락 들 때마다
속삭이는 가락

그래서 오늘도
밥상에는 숟이 아니라
숟가락이구나
오순도순 함께
부르라고
가락이구나

오월

철쭉이 피고 지는 것을 본다
시간 앞에 대항하지 않고 화관마저 버리고
몸에 붙은 제 분신을 땅으로 떨구는 꽃
제 목숨 내려놓은데 이유가 없다
천리天理를 천리대로

죽음조차 선선한
순교의 계절이
지나고 있다

동백꽃 엄마

생각해보면 동백처럼
쓸쓸한 꽃도 없다
겨울하늘에 손등이 얼고
봄을 기다리는 눈망울은
날마다 젖어
꿈인 듯 홀로
그 입술에 불을 당기지

해산날이 오기도 전에
탯줄을 끊은 산모처럼
꽃등에는 다소곳한 백빌이라도
그 얼굴은 아직 다홍빛이라
바람을 이기고
수줍은 듯 피어있는
스물일곱 새색시
동백꽃 우리 엄마

틈

인생은 날마다
암벽을 타는 것
누군가의 빈틈이
내 삶의 계단이
되었던 것처럼

숭숭 뚫린 내 빈틈
누군가 타고 올라
메마른 꽃봉오리에
단비가 되어준다면

꽃향기를 적셔
내 빈틈에
채워진다면

끈

고향에서 올라 온 택배 상자
파김치 두껑에 칭칭 감긴
끈

40년 된 성경책
시편詩篇에 드리워진 붉은
끈

어머니 이마에
강물처럼 흐르는 그 짙은
끈

송린

낙수 落穗

바람이 소리 질러
돌아보니
놓친 줄도 모르게
놓쳐버린 편지
저만치 흩날리네

내 몸
내가 밟고 선
그 자리
바람을 움켜지고
가까스로 주워 담는
노래 한 소절

■ 해 설

문학공간 '시흥'의 시적 성취

-김윤환 향토시집에 부쳐

박 덕 규 시인, 문학평론가, 단국대 교수

1. 시흥에서 살며 꿈꾸다

시가 발을 땅에 딛고 영혼은 하늘로 향하는 데서 얻어지는 거라면 김윤환이야말로, 바로 시의 한복판에 있는 시인이다. 그가 낸 지난 시집은, 개인으로서도 시대로서도 커지는 몸에 안 맞는 옷을 몇 겹 껴입은 듯 힘들게 살아온 수 십 년 시간을 다채롭게 담아냈다. 그것은 함께 살고 있는 우리 모습 그대로를 닮아 있었다. 그의 시는 그의 삶이자 함께 사는 이웃의 삶이기도 했다. 그러면서도 그의 시에서 놀라운 것 하나는 그처럼 삶의 무게에 버거워하면서도 어느덧 고개를 들어 하늘을 향해 간절하고도 맑은 눈을 빛내고 있다는 점이었다. 그의 시는 삶의 노래이자 하늘을 향하는 노래였다.

이번에 펼치는 그의 시는 '시흥'이라는 분명한 지역을 공간으로 하고 있다는 점이 무엇보다 주목된다. 문학이 태어나는 자리에 시간과 공간이 존재하는데, 그때의 공간은 땅이나 바다, 골목이나 집 같은 가시적인 장소가 되기도 하고 마음속이나 피안의 세계처럼 관념의 세계가 되기도 한다. 그러나 오래 고향을 잃고 살아온 우리는 이즈음 은연중에 우리의 몸을 붙들어 주는 보다 튼실한 공간을 향한 원초적인 동경으로 내가 발 딛고 있는 곳을 돌아보기 시작했다. 고향에서 도시로 와서, 도시에서 다시 자연으로 향하던 우리는 도시의 익명과 자연의 막연함에 불안을 느끼고 우리가 사는 삶의 현장에서의 이곳을 감싸 안기 시작한 것이다. 지역이라는 공간은 그래서 새로운 생명력으로 우리 삶에 구체성을 불어넣어 주게 된다. 김윤환이 이번에 바로 그렇게 '시흥'이라는 구체적 공간의, 땅과 길, 하늘과 바람과 더불어 하는 살아 있는 시들을 쏟아 내고 있다.

2. 늠내길을 춤추듯 걷다

마음보다
몸이 먼저 간다

집착이 노래가 되어
입이 먼저 읊조린다
몸이 먼저 춤을 춘다

바람에 실려
바람에 실려

꽃이 아니라
가시가 되어
그대에게로 간다
–〈늠내길 도깨비풀〉 전문

바람에 실려 가는 도깨비풀의 모양새가 눈앞에 있는 듯하다. 도깨비풀이 날리는 모양이 꼭 어느 날 입 밖에 조리 없이 내뱉어진 말 같다. 서두는 아이의 걸음걸이 같고, 먼저 흥을 낸 춤꾼의 춤사위 같다. 시인은 지금 바람 부는 늠내길을 걷다 날아가는 도깨비풀을 보고 그렇게 느낀 것이다.

어느 길 위에서건 도깨비풀은 모두 그렇다고 누군가 말할지도 모르겠다. 그러나 제멋대로 노는 도깨비풀이라고 어느 길에서도 마냥 그럴 리 없다. 그건 그 길을 걷고 있는 사람의 마음, 눈이 그렇게 생명을 불어넣은 것이다. 시인이 걷는 길은 '늠내길' 이다. 늠내길은 이즈음 다른 지역의 올레길, 둘레길, 솔바람길, 아름드리길 식으로 이름 붙인 길과 유사한 듯하지만, 반드시 그렇지만은 않다. 다른 길은 천천히 유유한 발걸음으로 산책하라고들 한다. 늠내길도 그렇게 긴 호흡으로 숨쉬며 걸어가야 좋은 구간도 있다. 그러나 어떤 구간은 그렇게 여유를 잡고 걷기보다는 가까운 바다에서 불러오는 바람을 타고 조금 빠르게 걸어야 제맛이다. 늦으면 해가 곧 저물 것 같은 길도 세상에 있는 것이고, 좀더 빨리 집으로 가고 싶게 하는 길도 있는 것이다.

시인의 도깨비풀 이미지는 어느 길에도 있는 도깨비풀과는 류(類)가 다르게 늠내길의 바람 타고 걷는 길의 이미지에 맞닿아 있다. 그래서 이 시는 그냥 도깨비풀이 아니라 반드시 '늠내길 도깨비풀' 이라 하는 것이다. 김윤환에게 시흥은 이렇게 구체적 공간으로 들어와 전에 없는 감각을 만들어 주었다.

3. 달빛이 연씨를 보듬다

시흥 하중동 연꽃마을 가을밤에
달빛이 못의 뿌리가 되는 것을 보았다
어둠으로 깔린 수면위로 초롱을 밝히고
죽어도 죽지 않는 심지를 보았다
햇살이 꽃등을 찌를수록
암연暗然으로 숨구멍을 내는

꺼질 듯 꺼지지 않는
빛의 뿌리를 보았다
꽃이 어둠을 켜켜이
껴안은 것을 보았다

-〈하중동 연가(蓮歌)〉 전문

언젠가부터 시흥은 '연꽃'의 도시가 되었다. 아마도 하중동 관곡지 덕분일 것이다. 1463년(세조 9년) 조선 중기의 명신이며 농학자인 강희맹(1412-1483)이 명나라에 다녀올 때 남경에 있는 전당지에서 연씨를 가져와 여기 심은 것이다. 지역 도시에서 이 유서 깊은 사연을 재미있는 스토리로 엮어 전하지 않을 까닭이 없다. 이제 이곳은 연꽃 테마파크가 되어 많은 방문객들을 반기고 있다.

한데 시인의 눈에는 그것이 중요한 게 아니다. 꽃의 화려한 외관을 노래하는 것도 시인이지만, 시인에게 그 이상으로 소중한 건 그 화려함에 이르게 하는 시간을 더듬을 줄 아는 눈이다. 시인은 어둑어둑해지는 밤에 호수를 거닐다가 수면에 비친 달을 보게 된다. 이어, 물 속의 달이요 달 그림자이겠거니 한 그 달이 실은 물속에 빛을 뿜어 물을 만지고 있다는 걸 깨닫는다. 달빛이 물을 만져 거기에 조그만 기포가 일어난다. 그 기포는 곧 모든 생명이 태어나는 숨 아니던가. 아니나다를까 달빛이 물을 만져 일어난 기포 속에서 숨을 쏟아내며 조그만 씨앗이 발아하기 시작한 것이다. 연꽃은 그 씨앗에 태어난 것, 연씨는 연꽃이 되고 연꽃은 지친 수면을 덮어 온 세상에 포근하고 화사한 담요를 펼쳐 놓았다. 김윤환은 자신이 뿌리 내려 살고 있는 시흥의 한 동네를 걸으며 연꽃이 탄생하는 순간의 비밀을 보아 버린 것이다.

연꽃마을 거니는 연인들이여. 피어난 꽃의 환함에 눈멀지 말고 그 꽃의 지나온 시간을 생각하며 서로의 손을 잡자. 물의 뿌리에 은은히 뿌려진 달빛이 조용히 심지를 보듬고 거기 숨을 불어넣어 연꽃이 발아되듯, 둘이 그렇게 손잡고 새로운 나날이 시작되는 거다.

4. 갯골은 신비한 생명의 영토다

짠물을 순화하는
풀꽃이 갯벌에 피다

칠면초, 갯개미취, 퉁퉁마디
갯쑥부쟁이
그리고 갈대

개조게, 길 잃은 새끼게가
풀꽃 향기에 취해
썰물을 잊다

뭍과 바다가 만나
한 줄기 한 줄기
제 빛을 드러내는
생명의 군락이여

살아서,
살아서 향기로운 영토여

– 〈갯골 가는 길 - 生, 살아서 향기로운 영토〉 전문

갯벌은 뭍과 바다 사이, 바다가 오래도록 뭍 쪽으로 바닷속 흙을 밀어 만든 바다의 뭍이다. 하루 두 번 모습을 드러낼 때마다 뭍의 사람들은 그걸 자기 땅이라 생각하고 걸어다녀본다. 그 땅은 질퍽질퍽하고 그 맛은 짜다. 거기서 자라는 식물과 동물을 채취하는 게 그 인간의 꾀다. 그런데 그걸 그대로 두면 가만히 거기에 신기한 것들이 살아 움직이는 걸 볼 수 있는데, 그렇지 않는 인간들이 때로는 밉다.

갯벌을 갯벌대로 두면 거기 칠면초, 나문재, 퉁퉁마디 등 염생식물과 붉은발농게, 방게 등 절지동물이 살아가는 모습을 드러내보여 준다. 가만히 보면 그들이 살아 움직이는 곳에 꼬불꼬불하고 얕은 골짜기가 보일 게다. 그게 갯고랑, 즉 갯골이다. 그러니까 갯골을 뭍과 바다 사이, 질퍽질퍽한 갯벌을 있는 그대로 둘 때 드러나는 갯벌의 살아 있는 속살이다. 인간이 만지면 그건 아주 쉽게 훼손돼 모양을 잃어버린다. 인간은 다가가면 안 된다. 대신 염생식물과 절지동물들만 그 속살을 만질 수 있다.

시인은 하루 두 번, 우리나라 서해안 시흥에서 볼 수 있는, 갯벌의 생생한 속살 갯골이 꼬불꼬불 살아 있는 모습을 그걸 만지며 노는 동식물들의 생생한 움직임으로 노래한다. 이쯤 되면 시인 김윤환이 왜 시흥의 염생습지에 와서 길과 꽃을 노래하는지 알 만하다. 시인은 더 깊어져야 시인인 거다. 더 깊은 데서 하늘을 보아야 그 하늘이 더욱 간절한 거다. 시흥은 시인에게 자연의 더 깊은 속살의 세계를 열어주는 삶의 지역이자, 더 높은 곳을 향해 살라고 일러주는 가르침의 문학공간이다.

김윤환 시인은

1963년 경북 안동에서 태어나 협성대와 동 신학대학원을 졸업(신학석사)하고, 단국대 일반대학원 문예창작학과를 졸업(문학박사)했다. 1989년 문예지 『실천문학』에 노동시를 발표하면서 등단하여, 2004년 시집『그릇에 대한 기억』, 2009년『까띠뿌난에서 만난 예수』, 2010년 『창에 걸린 예수이야기』등을 상재하였고, 논문집으로『한국현대시에 나타난 종교적상상력』, 『박목월시에 나타난 모성하나님』등이 있다. 또한 서번트리더십의 새 패러다임을 제시한 자기계발서 『희망으로 리드하라』 등을 내기도 했다. 1992년 결혼하면서 경기도 시흥으로 들어와 시흥YMCA 창립이사 재정이사 등을 지냈고, 시흥의제21 추진위원 및 실천위원 등 시민활동을 해왔다. 2008년 감리교 목회자로서 전방군인교회 담임목사로 사역하다가 2010년 다시 시흥으로 돌아와 하중동에서 은강교회를 담임하고 있다. 현재 한국문학과종교학회, 한국문예창작학회, (사)한국작가회의, 한국평화문학포럼 회원으로 활동하며, 단국대에서 〈수필창작론〉, 〈동양고전과 문학〉등을 협성대에서 〈섬김의리더십〉, 〈기독교와문화〉, 〈성서와문학〉 등을 강의하고 있다. 생활교양지 〈월간 소금창고〉 발행인과 시흥 〈은강감리교회〉 담임목사, 아동복지시설 〈연성지역아동센터〉 대표로 재직하며 대외적으로는 시흥YMCA 이사와 시흥의제21〈마을명소찾기〉실천단장, 경기신문 필진으로 참여하고 있다.

• 연락처 : 시흥시 하중동 831-5 은강교회 • 전화 : 010-5235-3892
• poemreview@hanmail.net

그림 황학만 화백

1948년 강원도출생으로 대신총회 신학대학원(M.Div)을 졸업했다. 개인전으로 현재까지 한국, 미국, 캐나다, 이태리, 일본 등 국제초대전 및 국내개인초대전 등 40여회 있었고, 1999년부터 2004년까지 시흥YMCA 부이사장으로 활동하면서 백혈병 아동돕기 자선전과 복지시설돕기모금 개인전 등을 개최해왔다. 주요수상으로 1995년 이형회전 제6회 미술상, 일본현대미술가협회전 작품상 2회, 경기미술대상 등을 수상하였으며 경기미술대전 운영위원과 심사위원, 나혜석여성미술대전 심사위원, 한국기독교미술대전 심사위원등을 역임했다. 중앙대 예술대 등에 출강해왔으며, 현재 대한예수교장로회 소속 목사로 재직 중이다. 금번 연성지역아동센터 후원시화전에 시흥스케치 작품30여점을 기부했다.

김윤환 향토 시집

시흥, 그 염생습지로

지은이 / 김윤환
펴낸이 / 채은희
펴낸곳 / 열린출판사
1판 1쇄 펴낸 날 / 2012년 11월 10일

등록번호 / 제2-1802호
등록일자 / 1994년 8월 3일
주소 / 서울 중구 인현동2가 192-20 정암프라자 504호
전화 / (02)2275-3892 팩스 / (02)2277-6235

ISBN 978-89-87548-70-8

값 15,000원